ESSAIS DE PHILOSOPHIE SIMPLIFIÉE

CONFÉRENCES POPULAIRES

CRÉATION ET INFINI

PREMIÈRE ÉDITION
PRIX : 1 fr.

MACON
LIBRAIRIE H. BRUN
7, RUE CARNOT, 7

1904

CRÉATION ET INFINI

ESSAIS DE PHILOSOPHIE SIMPLIFIÉE

CONFÉRENCES POPULAIRES

CRÉATION ET INFINI

PREMIÈRE ÉDITION
PRIX : 1 fr.

MACON
LIBRAIRIE H. BRUN
7, RUE CARNOT, 7

1904

AVERTISSEMENT DE L'AUTEUR

Il est peu de questions aussi importantes et aussi intéressantes que celles qui ont trait à ce que nous avons été et à ce que nous deviendrons.

Les religions et les philosophes ont abordé cette question sous bien des faces. Aucune ne satisfait complètement l'esprit, la raison. D'une manière générale, les religions trouvent plus commode de recourir à une révélation mystérieuse, non basée par conséquent sur une logique quelconque. La plupart des philosophes argumentent à l'aide de raisonnements et de déductions d'une abstraction telle, qu'il est difficile de les suivre. Par instant, on pressent que la vérité ne doit pas être d'une telle complication.

La philosophie naturelle doit être à la portée de tous. Les intuitions dogmatiques qui peuvent suppléer dans une certaine mesure à la science encore imparfaite, doivent être absolument vraisemblables et par conséquent doivent être l'exception.

Appartiendra-t-il au simple bon sens d'approcher plus près de la vérité ?

Les réflexions contenues dans cet écrit possèdent au moins une clarté que l'on ne rencontre jamais d'une façon satisfaisante dans les livres philosophiques à analyse profonde ; elles ont été faites par un citoyen isolé dans la grande foule du peuple, qui a voulu justifier les convictions basées sur des hypothèses dérivant de l'observation de la Nature et des hommes, et montrer qu'une morale parfaite est le corollaire obligé des croyances naturelles.

Il ne faut pas y chercher des phrases et des périodes élégantes, ni des mots à tournure scientifique. L'auteur n'a voulu que parler un langage de bon sens commun, sans le sacrifier à la préoccupation de choisir des expressions constamment heureuses.

Il serait certainement préférable que toutes les idées qui veulent se faire jour, soient exprimées avec une correction impeccable, mais alors des entraves pourraient être apportées aux essais de production du bon sens qui se rencontre dans toutes les classes de la société, plus ou moins instruites.

La simple méditation qui porte une attention soutenue à l'ensemble des grands phénomènes naturels et à leurs rapports, est une méthode qui aide à baser des propositions rationnelles, et, parmi celles-ci, on peut en trouver d'une forte logique qui se rapprochent ainsi de la vérité. Mais si l'on est lié d'avance par la valeur absolue des mots ou des termes à employer pour les faire connaître, si l'on se perd dans l'analyse infinitésimale d'une expression, l'esprit se décourage, et ce ne peut être qu'au détriment d'une large envergure d'idée, seule capable d'envisager un sujet grandiose.

Les mots doivent avoir une signification simple et claire sans ambiguïté, et il est préférable de ne pas y introduire des nuances qui prêtent souvent à équivoque.

Dans les réflexions suivantes, on s'attachera donc surtout au fond : la forme est modifiable.

De même on trouvera des répétitions, il ne faut pas s'attarder à cette critique, car si elles sont inutiles à beaucoup, qui sont habitués à déchiffrer des raisonnements autrement compliqués que les miens, elles ramènent toujours à l'idée première le plus grand nombre des lecteurs qui ont besoin de se rappeler le principe pour en comprendre les conséquences.

Mâcon, novembre 1904.

LUNANT.

CHAPITRE I

CRÉATION ET INFINI

LE NÉANT

> Une seule existence terrestre est-elle suffisante pour atteindre le maximum de la perfection morale ?

En remontant à l'idée de ce qui a pu être préexistant à tout ce qui existe, la raison se heurte à l'idée d'une impossibilité.

On se dit : si quelque chose a été préexistant à ce qui existe, ce quelque chose était existant lui-même, et il faudrait rechercher encore au delà, mais l'idée d'existence reviendra constamment. Il faut donc émettre une hypothèse pour détruire l'idée d'existence, et, pour supposer quelque chose de préexistant à l'existence, il faut supposer le néant.

Le néant, qui veut dire n'existe point, ne pouvant être représenté ni par le vide, ni par l'étendue ainsi qu'on le verra plus loin, et le mot comportant la négative la plus absolue, ne peut donc être qu'une idée abstraite ne représentant rien et destructive de tout. Cette expression détruit toute idée à laquelle elle est attachée, elle se détruit elle-même.

La raison n'admet surtout pas le néant comme antécédant à quelque chose, car de rien on ne peut faire quelque chose. Ce quelque chose existant de nos jours, détruit l'idée du néant. On en reviendra toujours à ce raisonnement : le néant n'ayant pu produire, puisqu'il n'est rien lui-même, s'il y a quelque chose, le néant n'a pu exister.

Il faut donc en conclure logiquement qu'il y a toujours existé quelque chose, et que le néant n'a pu être ; il est une idée purement fictive.

Cette idée du néant peut être comparée à celle du moribond à son lit de mort, qui, voyant ses facultés le quitter peu à peu, se figure qu'il tombe dans un néant imaginaire. Or, comme nous le démontrerons plus loin, ni sa substance purement matérielle n'est anéantie, pas plus d'ailleurs que sa partie immatérielle à nos yeux, puisque le néant n'existe pas.

DE L'ÊTRE PREMIER
OU ESSENCE PREMIÈRE

Le néant ne pouvant exister comme il est démontré au précédent chapitre, il est clair qu'il y a toujours existé quelque chose.

Ce quelque chose ayant existé de toute éternité (l'éternité comportant le passé, le présent et l'avenir), existe toujours et existera toujours. Il a déjà par lui-même une puissance d'éternité.

S'il a toujours existé, il n'a eu besoin de personne pour être, il est donc l'Être suffisant à lui-même et par lui-même de toute éternité. On conçoit ainsi forcément un Être éternel et suffisant par lui-même.

Le Néant n'existant pas, cet Être suffisant à tout, que nous nommerons « premier », remplit donc toute l'immensité infinie de l'étendue. Pour fixer les idées, nous dirons que cet Être a pu se manifester comme Essence renfermant Tout.

Il ne faut pas éluder la question du vide possible, mais nous disons que dans l'immensité infinie, s'il pouvait se trouver du vide, ce vide ne serait qu'une partie de l'étendue et nous verrons plus loin, que l'étendue et l'Être premier ne forment qu'un. En admettant même un vide hypothétique, inexplicable, nos raisonnements ultérieurs ne seraient pas détruits, bien au contraire.

Il faut aborder également une question délicate, c'est la préexistence de l'étendue à l'Essence première, de la même façon qu'un contenu est dans un contenant, et que pour avoir un contenu, il faut forcément et d'avance un contenant.

Ce serait répondre sans satisfaire la raison que de prétendre que l'Essence première ou Être premier étant suffisant à lui-même et ayant existé de toute éternité, l'étendue ne peut être qu'un de ses attributs, puisque l'étendue lui est soumise.

L'étendue est-elle nécessaire à l'Être premier ? si on résout la question par l'affirmative, comme on est tenté de le faire, l'Être premier est dépendant de l'étendue illimitée, car sans cette étendue il ne pourrait être : que l'étendue soit ou non limitée, il en faut pour renfermer l'Être premier. C'est ainsi que quelques philosophes ont été amenés à dire que l'Être premier ou préexistant, est l'Étendue. Mais remarquons que l'Être premier, qui a toujours existé également, est une Essence (substance subtile) et que l'étendue n'est point une substance, mais une figure ; ils peuvent donc s'assimiler dans le raisonnement en disant que l'Être premier a revêtu la forme de l'étendue illimitée en même temps qu'il a existé, c'est-à-dire de tout temps ; autrement ils sont incompréhensibles l'un et l'autre, et nous devons partir de ce principe que tout doit être raisonné aussi démonstrativement que possible.

Dans l'état d'imperfection où se trouve l'intelligence sur cette Terre, imperfection naturelle comme nous le verrons, nous ne pouvons, après toutes nos déductions, qu'affirmer cette proposition :

L'Être premier est renfermé dans l'étendue, comme l'étendue le renferme absolument. Ils ne font qu'un infini.

FORME DE L'ÊTRE PREMIER

L'Être premier et l'étendue étant unifiés, éternels et infinis, n'ont ni commencement ni fin.

Si l'on cherche à se représenter cette étendue et cette éternité, qui n'ont ni commencement ni fin, on ne peut y parvenir, et, en abandonnant toutes réflexions sur ce sujet, on ne peut rien expliquer, ce qui est loin d'être le but des penseurs.

Si nous voulons chercher à nous rendre compte de ce que l'Être premier peut être, nos sens et notre raisonnement cherchent instinctivement d'abord une idée de forme pour une Essence homogène, mais on est forcé alors de procéder par intuition et raisonnements subséquents à l'intuition.

Or, l'intuition de l'auteur est que la forme choisie par l'Essence première est la forme sphérique d'un rayon illimité.

Cette proposition a une importance fondamentale ; la raison humaine peut-elle en admettre une autre plus générale et mieux appropriée à une idée d'infinité ? nous allons voir : un point quelconque externe d'une sphère exacte et parfaite est ou peut être le commencement et la fin de la surface de cette sphère, comme son point central peut être le lieu d'origine de son volume.

Une sphère composée de l'Être premier infini ne peut avoir un point que la raison admet comme commencement. C'est donc la forme la plus parfaite qui ne puisse donner lieu à un doute de commencement, comme une forme quelconque appelant une idée d'angles et de vide inexplicable.

L'Être premier étant parfait par essence même, a dû adopter la forme parfaite pour ses fins. La forme la plus homogène et la plus parfaite est celle de la sphère.

L'Être premier a adopté cette forme parfaite que l'on retrouve à l'origine de tout processus d'existence.

Nous ajoutons qu'on peut le croire informe sans

inconvénient, ce qui néanmoins paraît étrange. Mais, même dans cette difformité infinie, on peut toujours inscrire une sphère infinie, pour arrêter une idée précise dans notre esprit imparfait.

On en revient donc toujours à l'idée d'une forme parfaite en lieu et place d'une difformité.

LE MOUVEMENT

L'Être premier avait à l'origine à l'état latent et sans emploi, toutes les puissances évidentes maintenant à nos yeux.

Il s'agissait de les produire, et l'acte ayant pour but de les produire devait être parfait pour les faire éclore toutes à la fois et à l'infini. Cet acte devait avoir toutes les qualités : il devait être simple, grandiose, efficace et d'une conséquence infinie. Tout devait découler de lui, et la tâche était de produire la Chaleur, la Lumière, les Mondes, etc.

L'Être premier renfermant en essence toutes les qualités, intelligence infinie, avait-il plusieurs manières d'arriver à ce but que l'esprit humain peut concevoir ? La plus sublime manière prévalut naturellement, ce fut le Mouvement.

Le mouvement en ligne droite devait être imparfait et illogique ; il supposait un déplacement d'arrière en avant, un vide laissé constamment en arrière, et dans quel sens cette progression en ligne droite ?

L'idéal mouvement se fit : l'Être premier se mit en mouvement en rotation.

Sa forme sphérique prouve la logique de ce mouvement, qui est expliqué par la théorie atomique au chapitre « les qualités ».

Il ne s'en suit pas forcément, vu l'infini à parcourir, que le mouvement circulaire complet puisse se faire.

Les conséquences de ce seul acte nécessaire et suffisant comme l'Être premier lui-même, sont innombrables, et l'on peut dire que dès cet instant les Mondes étaient créés.

Admettons un instant que l'Être premier soit un Être à part dans l'Univers, distinct de ses œuvres, il aurait fait forcément plusieurs actes pour créer cet Univers. Or, certains de ses actes auraient pu être moins parfaits que d'autres, par exemple la création d'un désert, d'une contrée désolée, d'animaux, de maladies, de cataclysmes dont on ne comprend pas l'utilité, etc., ce qui aurait été incompréhensible et inadmissible de la part d'un Être parfait.

Dans un but sublime, et en employant les puissances contenues en lui, puissances infinies pour un Monde infini, l'Être premier a fait ainsi un SEUL ACTE parfait duquel dépend TOUT.

FORMATION DES MONDES

L'infini se dégage en extension à la périphérie de la sphère avec un axe immuable.

L'Essence première (ou Être premier) s'est agglomérée sur elle-même en vertu de la force centrifuge et de la chaleur décroissante de l'axe à la périphérie. Irradiée en rayons infinis, elle s'accumula et forma les Mondes par condensation; ceux-ci sont projetés du centre à la périphérie, ils ont depuis leur état fluide primitif, la forme sphérique de l'Être de qui ils émanent, et sont entraînés dans un immense mouvement de gravitation.

A l'axe, l'Essence première a un mouvement circulaire qui se produit dans un cercle de plus en plus restreint; elle dégagea donc d'abord la chaleur et la lumière.

Cette lumière eut lieu dès le mouvement commencé. Ce fut le « Fiat Lux » de la Genèse expliqué par un fait compréhensible.

Les molécules de l'Essence première furent transformées chimiquement, par la chaleur, en substances. Ces matières en ignition se fondirent ensemble, dans la suite des siècles, et, projetées par la force centrifuge vers la périphérie plus froide, formèrent des astres régis par la loi de gravitation. Ces soleils eurent pour mission de donner la chaleur et la vie aux astres plus petits, plus vite refroidis et condensés.

Il peut se dégager de ce mouvement éternel de l'Être premier un courant magnétique, qui oblige tous les corps célestes à diriger leur axe perpendiculairement à l'axe de la sphère infinie. Le pôle tourné vers ce centre serait ainsi magnétisé.

Tous les astres doivent s'éloigner de l'axe immuable dans un vaste mouvement de projection. Notre système planétaire serait entraîné ainsi dans la direction de la constellation d'Hercule.

Il faut remarquer la connexion étroite qui existe entre les grands phénomènes : translation du système solaire, magnétisme terrestre, aurores polaires inexpliquées, et l'idée du foyer central dérivant de l'axe universel.

Du peu qui précède, on peut déjà déduire que Tout fait partie de l'Être premier. Qu'ayant nous-mêmes toujours existé pour cette raison, nous existerons toujours, ne pouvant entrer dans un néant qui n'existe pas.

IL N'Y EXISTE QU'UN SEUL ACTE ARBITRAIRE

La puissance de l'Être premier est employée au Mouvement. C'est le seul acte arbitraire qui existe.

Il est donc inutile de compter sur une intervention divine directe qui est impossible. L'Être premier, en dehors de son mouvement, n'est pas arbitraire. En transformation depuis lors, il subit lui-même ses lois naturelles. Il en a prévu certainement la fin et les conséquences bonnes, ce qui justifie sa seule action arbitraire.

Tout ce qui touche au système du Monde est donc régi par cette loi d'impulsion naturelle, qui ne peut que suivre son cours sans autre destination. Aucune volonté ne peut l'arrêter, pas même celle de l'Être premier, car sa volonté étant une puissance, est employée au Mouvement, ainsi qu'il est expliqué au chapitre suivant.

Il arrêterait les lois naturelles que cela impliquerait d'ailleurs contradiction et reconnaissance qu'il s'est trompé, ce qui est absurde. Il n'est plus libre d'agir autrement qu'il agit depuis son mouvement suffisant à tout.

Il est facile de s'imaginer que l'Être premier est une intelligence infinie, sans limite. Toutes ses qualités sont infinies ; si elles étaient finies ou limitées, on pourrait supposer qu'elles sont susceptibles d'être surpassées, et tout ce qui pourrait arriver à le surpasser viendrait de lui, ce qui est absurde.

S'il pouvait être arbitraire en dehors de son mouvement, il aurait le soin ou plutôt le devoir de diriger toutes les actions sans exception, sous peine d'être accusé de partialité. Il ne le peut pas, sa puissance étant occupée au mouvement infini. L'Être premier a fait le mieux qu'il soit possible de faire dès le commencement ; il a fait le bien d'un seul geste, avec une intelligence qui conduit à une fin certainement prévue bonne.

LES QUALITÉS.

Il y a un fait contrôlé par les phénomènes chimiques : un atome est une matière indivisible à partir d'une certaine limite, sans quoi elle perd ses caractères spécifiques. L'Être premier est l'ensemble de globules en nombre infini, composés chacun de deux catégories d'atomes éthérés irréductibles qui sont le substratum : 1° des puissances ou forces ; 2° des qualités. — Les atomes des qualités, plus ténus, plus subtils, destinés au monde moral gravitent par atomicité, autour des atomes force-puissance destinés à la matière. Le frottement de ces atomes éthérés est nul, ainsi que la physique expérimentale nous le démontre par le phénomène connu des couronnes de fumée ; l'origine du mouvement provient ainsi d'une simple affinité, car rien n'a empêché un atome force-puissance de franchir son entourage subtil de qualités et de s'unir avec un autre atome de force-puissance. L'affinité ne peut être expliquée même de nos jours. mais on la constate formellement.

Ce groupement initial de deux atomes puissance a pu être l'origine du mouvement, car l'équilibre général a été rompu de ce fait. On peut considérer le noyau puissance comme constamment alimenté depuis lors par les atomes puissance attirés sans cesse vers lui en nombre infini.

Il en est résulté obligatoirement un mouvement qui, ne pouvant se faire en ligne droite comme nous l'avons vu, s'est fait en rotation.

On a le choix entre la simplicité logique de ce raisonnement qui n'admet aucune complication, ou une complication hypothétique, c'est-à-dire à croire la substance primordiale du premier Être, simple et homogène, ou diverse et hétérogène.

Le premier raisonnement se soutient de lui-même

et sans explication, car, du moment que la première essence est parfaite et renferme toutes les substances à l'état latent, il ne s'agit plus que de trouver le moyen de les faire éclore par transformations infinies. Ce moyen est le mouvement.

Pour la croire hétérogène et complexe, il faut expliquer comment toutes les matières constatées de nos jours s'équilibraient dans l'étendue les unes avec les autres, et la proportion de l'une en regard de la proportion de l'autre, etc.

Disons d'ailleurs franchement que la raison n'admet guère un arrangement fortuit de toutes sortes de substances disséminées à l'infini dans l'espace pour produire non pas l'harmonie des Mondes, mais seulement les délicats dessins et les teintes admirables que l'on voit sur l'aile d'un modeste insecte. Cet arrangement est produit par le Mouvement harmonieux, régulier, et par toutes les lois naturelles fondamentales et secondaires dérivant de celui-ci.

Les qualités primordiales infinies dépourvues de l'atome-matière central restent à employer.

Ce sont les qualités morales récupérées par la Vie ; autrement dit, l'Être premier commence à se manifester sous une forme concrète qui ira toujours par évolutions, à la perfection. L'être organisé, perfectionné, s'assimilera peu à peu ces qualités dans la suite des siècles. Nous examinerons plus loin ces conséquences du Mouvement.

Les qualités de l'Être premier tendent à s'incorporer à la matière; elles viennent d'ailleurs à leur but par étapes successives et lentes, elles s'imprègnent sur notre Terre dans le cerveau des humains, mais ceux-ci ont encore à se débarrasser des défauts inhérents à la période primitive qu'ils traversent. Il faut remarquer que ces défauts, dont les humains souffrent les premiers, ne forment pas le moindre obstacle à la marche éternelle du progrès physique des Mondes qui est dirigée vers le but sublime. Ces imperfections d'intelligence, etc., disparaîtront relativement par la sélection, l'instruction et le changement de nature progressif dans les conditions d'existence sur notre planète. Nous démontrerons dans la suite, au chapitre « Au delà de la mort terrestre », que la supposition d'êtres beaucoup mieux perfectionnés que nous, dans d'autres planètes aux meilleures conditions d'habitabilité, est une idée nécessaire, très plausible et conforme à la raison.

Quelques remarques sur les qualités (globules primitifs) qui accompagnent les êtres feront mieux comprendre notre pensée et la justesse de la conception :

Un être qui pourrait posséder sur cette terre toutes les qualités qui accompagnent chacun, serait exactement équitable dans ses jugements, c'est-à-dire discernerait et choisirait toujours le bien dans toutes ses actions. Dans n'importe quelle action on prend en effet un parti qui est le bien ou le mal. Pour choisir le plus souvent le bien, il faut un jugement sûr qui ne doit pas venir d'un parti pris extérieur, mais procéder de la raison et de la réflexion personnelles ; c'est ce qu'on appelle interroger sa conscience. Or, cette conscience n'est autre chose que les qualités acquises et ambiantes extérieures ; en les consultant, le jugement est prompt et bon si l'on possède déjà les premières, autrement la réflexion est plus laborieuse puisqu'on s'assimile les qualités égales dévolues à chacun mais qu'on ne possède pas encore entièrement.

La distinction entre le bien et le mal livrée en fait à l'appréciation libre de chacun plus ou moins parfait, devrait en principe toujours et dans tous les cas être tranchée dans le sens du bien d'une manière transcendante, ce qui impliquerait la possession complète des qualités ambiantes ; il est inutile de faire remarquer que l'Humanité n'en est pas encore à ce degré de perfection.

BUT DE L'ÊTRE PREMIER

Il serait absurde de supposer que l'Être premier, source de l'intelligence, voulut produire avec lui-même le Mal. Ayant choisi le mouvement le plus parfait, il ne peut en résulter que des effets parfaits et le Mal est inconciliable avec l'idée de parfait dans le bon sens du mot.

Le Mal doit donc être rejeté des conséquences du mouvement.

Il peut bien surgir quelques accidents de la matière en transformation : cataclysmes, éruptions, etc., mais le Mal est du seul fait des humains. Ce mal est d'ailleurs passager ; il résulte de la liberté des humains qui peuvent diriger leurs actions d'une manière fausse et non conforme à la Vérité, à la Justice, à la Logique.

Mais la matière en général de l'Être premier transformée par les lois du Mouvement et (de ses succédanées : lumière, chaleur, pesanteur, etc., etc.) suit une destinée fatalement bonne et logique. Les humains devraient se conformer à ce grand enseignement dans toutes leurs actions : Bonté et Logique, ces lois du Monde renfermant naturellement toutes les qualités bonnes : Vérité, Justice, Charité, etc...

On peut donner le nom de Nature à l'Être premier ainsi transformé, tout, y compris nous-mêmes, étant lui ; il est logique, il est intelligent d'aimer la Nature qui est bonne et qui va à un but parfait, dans notre intérêt, dans son intérêt.

Les transformations successives ne sont qu'une suite de transitions ; elles peuvent durer des centaines de siècles, dans un même stade, mais ce laps de temps n'est rien dans l'éternité.

La matière la plus perfectionnée sur cette Terre, la plus apte à recevoir les qualités primordiales, déjà élaborées et individualisées en quantité inférieure sur les petites planètes primitives, est le cerveau humain. C'est par là que l'Être premier continue à s'incorporer. On peut ainsi se rendre compte quel Progrès il reste à accomplir pour acquérir ses qualités ; il est raisonnable de penser que la nature humaine de notre Terre ne sera jamais assez perfectionnée pour les posséder entièrement. On peut donc croire qu'il y a un maximum de capacités morales dans la nature de l'Homme terrestre.

Nous dégageons ainsi très nettement le but de l'Être premier : il veut se manifester avec toutes ses qualités morales, sous une forme parfaite obtenue par sélection et transformations à l'infini.

Quand il sera démontré à tous que nous pouvons

concourir nous-mêmes au bonheur en choisissant pour règle de conduite le bien, les Humains éclairés délaisseront le Mal qui retarde l'amélioration présente et future. Le premier bien, duquel dépend l'émulation aux autres biens subséquents, c'est l'explication de ce que nous sommes et la certitude de l'immortalité.

Ce que nous sommes découle de tous les raisonnements précédents, nous sommes parties de l'Être premier, transformées par les siècles, le Mouvement, la Chaleur, la Lumière ; tous les agents de la Nature, eau, air pur, aliments, etc. Au point de vue moral, nous commençons à nous révéler avec les qualités primordiales. Ne pouvant entrer dans un néant qui n'existe pas, nous serons à la mort apparente du corps, transformés de nouveau et ceci pendant des siècles, jusqu'à la forme parfaite à laquelle nous font tendre tous les phénomènes engendrés par le Mouvement de l'Être premier.

Ceci étant connu, la quiétude régnera parmi nous ; la science développant cette théorie dans l'avenir et prouvant son exactitude éliminera les luttes et tiraillements résultant de la diversité des opinions en la matière ; c'est l'objectif le plus élevé que peuvent se donner les connaissances humaines.

Nous devons être bons, car l'intelligence dont nous émanons est bonne : être mauvais est contraire aux voies que se propose l'Être premier, c'est de plus contraire à nos intérêts matériels ; il faut donc suivre l'impulsion naturelle produite par le mouvement éternel, c'est-à-dire être intelligemment bons.

LES MATIÈRES DIVERSIFIÉES A L'INFINI SONT PARTIES DE L'ÊTRE PREMIER

Cette proposition est forcément évidente et il est presque inutile de la démontrer.

Comme elle entraîne des conséquences nombreuses, nous allons néanmoins la développer.

Nous avons vu que l'Être premier était une substance homogène et diversifiable à l'infini, diversifiée telle qu'elle existe maintenant et comme nous pouvons la voir dans n'importe quel objet. Matière inerte et matière douée du mouvement apparent, le Tout est l'Être premier.

Quelques-unes se rapprochent de l'Essence primordiale, d'autres en sont infiniment éloignées. Physiquement, les grands phénomènes naturels expliquent la transformation d'une substance parfaite ayant d'elle-même toutes les qualités. On peut se convaincre de visu que ces phénomènes suffisent pour la transformation : les physiciens, les chimistes, etc., appuieront cette thèse et en feront ressortir l'exactitude.

Peut-il se présenter une objection morale puérile se résumant ainsi : l'Être premier est-il à l'état pur, primordial, en quantité et volume dans un objet en proportion du volume de cet objet ? Cette objection superficielle, ne serait pas sérieuse, la substance primordiale non transformée, essence d'intelligence, essence de qualités, loge dans chaque corps en raison directe de la perfection morale de corps et non évidemment en proportion de son volume, résultant de la transformation des atomes-puissances.

Les qualités infinies émanent partout sous forme d'un éther subtil que la science découvrira un jour. Il ne faut pas se targuer des analyses minutieuses déjà faites, car nous ne savons pas encore dans l'état actuel de la science si tous les fluides et toutes les émanations diverses se sont présentés sous le contrôle de l'analyse.

Additionnons, rassemblons toutes ces parties d'essence primordiale non transformée répandues en quantités inégales dans les êtres diversement raisonnables de toutes les planètes ; ajoutons-y la matière perfectionnée, c'est-à-dire faisant partie du règne animal et du règne végétal, plus la matière inerte, après les avoir préalablement reconstituées en atomes-puissances en remontant le sens des opérations de leurs transformations, et nous aurons intégralement l'Être premier qui est Tout.

L'état actuel des transformations sur notre Terre n'est qu'une phase encore primitive de la transformation générale. La transélémentation de l'homme aux grandes qualités morales a lieu dans un sens meilleur que celle de l'homme méchant, inintelligent. Celui-là a acquis une partie de bonté (lisez substance primordiale de l'Être premier), dans l'espace d'une courte existence. Mais cette substance est acquise, comme nous le verrons plus loin, elle se réincorporera et fructifiera encore jusqu'à la perfection complète.

Les races inférieures disparaissent d'ailleurs graduellement. C'est un fait que l'on peut constater même de nos jours et une des preuves, prise au hasard, de la transformation en mieux. On a donné un seul corps défini et tangible ès paradis à l'Être premier, c'est méconnaître sa bonté, limiter sa puissance, c'est affirmer un Être inexplicable. On doute de sa bonté infinie en le supposant capable d'être supérieur à tout et de laisser néanmoins se dérouler des événements pitoyables.

Il est lui-même tout et souffre tout par lui-même ; sa bonté est donc inattaquable et indiscutable, et sa bonté et sa sagesse ne doivent pas être discutées, elles doivent être évidentes. Elles sont évidentes si on voit l'Être premier partout sans arbitraire ; elles sont discutables s'il commande aux événements, et la diversité des religions fait foi de la justesse de ce raisonnement.

En résumé, il faut bien se pénétrer que l'Être premier n'est pas arbitraire et qu'en dehors des lois physiques immuables, le bien dans la substance humaine ne peut pas être décrété exclusivement. On l'expérimente chaque jour. Sa substance-matière sera transformée à l'infini par son mouvement sublime : elle peut être, par sa destination temporaire, relativement vile selon notre entendement, comme elle peut être le pur diamant, mais elle se perfectionnera de plus en plus pour arriver au but parfait auquel elle se destine.

Tout se tient intimement depuis ce mouvement. On ne peut donc nier qu'une essence parfaite, possédant à l'état latent toutes les puissances en atomes matériels, qui se fait modifier par le mouvement et tous les phénomènes secondaires qui en dérivent (chaleur, lumière, attraction, etc.), ne soit susceptible d'acquérir toutes formes et de devenir toutes les substances. Nous ne pouvons qu'indiquer dans ses grandes lignes, cette marche du simple au complexe qu'on observe partout et toujours ; les minéraux ont été produits par la condensation de cette substance fluiditique ; le règne végétal a suivi : certaines molécules terrestres formées d'atomes-puissances étant influencées et attirées extérieurement par les globules qualités dépourvus de leur noyau primitif d'attraction, ont continué leur mouvement particulier ; ne pouvant rentrer dans le globule des qualités, celles-ci sont rentrées peu à peu et d'une manière infinitésimale dans lui. L'organisation s'est faite à l'aide des humus, de la vapeur et de la chaleur ; la diversité des sols et des températures a créé les espèces.

La démarcation entre le règne végétal et le règne animal, à leur point de contact, dans les plantes animées et sensibles que l'on trouve au fond des océans, n'est point tranchée. Là se trouve la transition, explicable d'une façon analogue dans toutes les divisions du règne animal jusqu'à l'homme inclusivement.

LA MORALE

La morale doit être civique et basée sur la connaissance raisonnée de l'Être premier.

La Morale et sa sanction doivent être comprises ainsi :

Nous avons dit que les hommes sont libres, l'Être premier ne pouvant être arbitraire. Or, très naturellement, un acte bon trouve en lui-même sa récompense, car il infuse dans l'être qui le fait, la bonté, c'est-à-dire l'essence ambiante primordiale de l'Être premier (par bonté on doit sous-entendre aussi toutes les qualités bonnes : la bonté et l'intelligence intimement liées étant, selon l'auteur, les qualités résultant de toutes les autres).

Nous allons plus loin dans cette conviction, nous disons que cet acte infuse dans l'Être l'essence primordiale ambiante, d'une façon matérielle, effective, c'est-à-dire qu'une protubérance du cerveau se développe en raison directe de la bonté acquise.

Un phrénologiste ne se trompera pas beaucoup sur les qualités qui peuvent être contenues dans un crâne selon sa forme. Certaines peuplades primitives au front déprimé, fuyant, ne sont guère capables que d'assurer leurs besoins purement matériels et sont encore loin d'être aptes à rechercher la sagesse, la vérité.

Si pendant le cours entier de son existence, un être humain pouvait être parfaitement bon et juste, il se rapprocherait le plus, toute proportion gardée, de l'Être premier.

Cette essence primordiale de l'Être premier qu'il aurait ainsi acquise ne pourrait à sa mort perdre son individualité et se confondre dans l'ensemble ambiant, sans la conséquence de concevoir une idée d'injustice.

Ce serait contraire au progressif perfectionnement que se propose l'Être premier. De plus, au point de vue moral, l'être conservant cette acquisition, a la récompense d'une vie exemplaire.

Nous répétons que s'il en était autrement, on concevrait une idée d'injustice, ce qui est inadmissible, l'Être premier étant infiniment juste et l'ayant prouvé dès son premier et unique mouvement suffisant à tout.

La morale naturelle est toujours sauvegardée, par suite de l'équilibre établi dans un acte quelconque : extension ou atrophie de la substance réceptive des qualités.

L'Être premier étant infini, son essence primordiale pure nous enveloppe et veut se manifester non par une création mystérieuse, impossible, mais sous une forme noble acquise par voies naturelles de son mouvement. Puisque nous représentons sur cette Terre cette forme noble, est-il dans notre intérêt d'acquérir le plus possible de l'Être qui veut se manifester ? Nous sommes partisans de la Morale en répondant affirmativement à cette question. Sinon, il ne subsiste plus que les appétits, les intérêts, la force primant le droit, mitigés par les lois de société.

En mettant en nous le désir de la reproduction pour perpétuer l'espèce, l'Être premier sollicite également l'adaptation de ses qualités, idéal qu'on retrouve dans toute créature et qui la porte à rechercher le vrai, le juste, le beau, l'affection, la confiance, etc., toutes les qualités bonnes.

Un secret pressentiment nous avertit d'ailleurs dès que l'on transgresse cette inclination innée ; nous ne nous éloignons pas impunément de la voie que se propose l'Être premier sans qu'il en résulte pour nous un malaise qui n'est autre chose que la rupture momentanée de la cohésion préexistante entre nos qualités acquises et celles ambiantes restant encore à acquérir.

Toutes les qualités doivent être solidaires et l'ordre dans lequel elles sont assimilées doit probablement être réglé. C'est ainsi que le sentiment exact de justice et de vérité, relativement rare, doit être placé dans cette gradation après la qualité patience que l'on retrouve dans tous les êtres inférieurs. Nous ne voulons pas dire que la patience et la justice soient inconciliables, au contraire, car une qualité supérieure procède d'une autre plus commune, et sans les primitives on ne peut posséder entièrement les suivantes ; nous voulons montrer simplement que depuis le mouvement de rotation tout s'enchaîne pour ainsi dire mécaniquement, aussi bien le monde matériel que celui plus élevé dont la morale fait partie.

AU DELA DE LA MORT TERRESTRE

Supposons l'être humain ayant acquis le maximum de la sagesse, ou plutôt une sagesse suffisante compatible avec l'imperfection de la nature humaine de notre Terre ; il est de toute logique qu'il est inutile que cette essence recommence à habiter un corps non susceptible d'une plus grande perfection, à moins de supposer que notre corps précaire, au cerveau et aux sens imparfaits, puisse renfermer la perfection entière de l'Être primordial lui-même, ce qui est absurde, et en tous cas présomptueux. Or, la présomption est un défaut que l'Être premier ne peut avoir. Pour une raison semblable nous ne nous arrêterons pas à l'idée d'une réponse affirmative à la question suivante : parmi les planètes innombrables, la Terre est-elle seule habitée ?

On peut donc admettre que l'essence primordiale acquise soit transportée dans une planète aux conditions d'habitabilité meilleures, dans laquelle habiteraient des êtres plus haut placés dans l'échelle de la perfection. Ce serait le paradis (relatif) de toutes les religions. Ces êtres plus perfectionnés que ceux de notre Terre proviendraient tous eux-mêmes de celle-ci au point de vue de l'essence primordiale de qualités, ou de planètes semblables à la nôtre comme habitabilité. Nous disons en effet que, dans l'Univers, les planètes *innombrables* aux conditions bien meilleures d'habitabilité peuvent réceler la vie humaine analogue à la nôtre, mais plus parfaite, et qu'il serait injuste de supposer qu'une planète aux plus grandes ressources ait été habitée dès l'origine, en même temps que la nôtre. Il y aurait là deux traitements différents de créatures humaines sortant de la même substance. Cette inégalité, cette injustice ne peut provenir de l'Être juste : c'est là un argument sentimental ou moral.

Comme argument physique, nous admettons les planètes les plus volumineuses comme celles offrant les meilleures conditions pour le développement de l'existence ; elles ont été refroidies vu leur volume, moins rapidement que les planètes plus petites ; la vie s'est donc manifestée beaucoup plus tard sur les planètes plus volumineuses, et elles ont pu recevoir peu à peu les parties individuelles et nécessaires d'Essence primordiale de qualités déjà acquises au maximum possible sur les petites planètes. Celles-ci d'ailleurs, périclitent à la suite des siècles et finissent par ne plus pouvoir contenir la vie animée. L'idée du passage, par loi naturelle d'attraction, d'Essence primordiale, d'une petite planète à une plus grosse, n'est pas plus difficile à admettre, que l'influence réciproque qui s'exerce par exemple entre la Lune et la Terre et qui produit les marées, et probablement d'autres phénomènes encore inconnus.

Au point de vue moral, cette transfiguration serait la conséquence très équitable d'une existence ayant respecté les principes de la Bonté, ayant possédé ainsi l'essence primordiale de bonté. Tout ce raisonnement étant plausible, l'hypothèse est admissible. Le méchant — injuste, etc., — qui commet des mauvaises actions, se punit ainsi lui-même. Conservant son cerveau sans acquisition de bonté-intelligence, sa transformation en mieux est retardée. Il reste plus longtemps sur notre Terre qui peut donner lieu souvent à l'impression de purgatoire pour certains humains.

Les propositions ci-dessus ne sont pas déraisonnables quelque merveilleuses qu'elles paraissent et voici pourquoi :

L'Être premier est, il n'en faut pas douter, le summum de l'intelligence, or, si un être humain imaginait un système de récompense de la vertu plus *logique* et meilleur que celui qui doit exister, cet être humain serait donc plus logique et meilleur que l'Être premier dont il fait partie ? C'est évidemment absurde de se prétendre supérieur à la Bonté même. Ainsi, le système de récompense imaginé par l'être humain doit donc être au-dessous de la réalité ou au plus l'égaler.

Nous ne parlerons pas d'un système de punition, après avoir exposé comme nous l'avons fait, que tout être est obligé de rester sur cette Terre jusqu'à la perfection nécessaire pour la quitter définitivement.

Voyons les conséquences, et passons de ces considérations générales aux faits particuliers.

Prenons la Guerre, par exemple, c'est un fait d'actualité malheureusement.

La Guerre, tout d'abord, est mauvaise et regrettable et il est cruel de penser autrement ; en dehors de la misère, des larmes, des deuils, des douleurs, etc., conséquences funestes qu'elle entraîne, considérons-la seulement au point de vue qui nous occupe.

Il est rare que des jeunes gens entraînés par leur tempérament et leurs passions aient atteint, dès l'âge de vingt à trente ans, le maximum de bonté et de justice suffisant pour leur permettre une perfection extra-terrestre. Fauchés en pleine effervescence sanguinaire d'où la bonté est en général exclue, ils sont retardés dans leur évolution vers le bien ; ils recommenceront leur existence sans avoir fait un pas vers le progrès moral libérateur.

Nous avons dit que la bonté est en général exclue de ces hécatombes ; il peut se trouver néanmoins des trait d'héroïsme dans l'abnégation, dans le dévouement, dans la manifestation de secours apportés aux blessés, etc., qui exaltent au contraire les plus beaux sentiments humains et qui rapprochent ainsi des plus pures qualités primordiales. Dans une guerre, les excès contraires peuvent se donner libre cours.

Mais d'une manière générale on peut dire sans crainte de se tromper que le Progrès est arrêté là où il y a guerre. Les coupables sont ceux qui assument cette lourde responsabilité répartie le plus souvent sur un certain nombre d'individualités aux particules de qualités peu développées.

En prêchant la paix universelle, on sert non seulement le bien matériel, mais le progrès moral, l'intérêt présent et futur de l'humanité.

Il n'y a pas lieu d'ailleurs à découragement, car la guerre terminée, il faut en tirer une leçon salutaire pour l'avenir. Il faut que les existences temporairement annihilées, en recommençant leur évolution, trouvent des institutions changées en mieux et que l'instruction, le progrès, leur fassent récupérer leur vingt ou trente ans perdus.

L'ÊTRE PREMIER INFINIMENT JUSTE

L'Être premier paraît au contraire éminemment injuste si l'on considère superficiellement les événements de l'existence et si l'on veut le croire en dehors et au-dessus de nous.

Nous avons déjà fait voir que tout acte s'équilibre de lui-même en éloignant ou rapprochant celui qui le fait de l'essence primordiale. A priori, l'Être premier est juste dès son mouvement. Puisqu'il est en partie la nature humaine, il souffre lui-même des imperfections inhérentes à la période de transformation, mais il sait, et nous devons le savoir, puisque nous sommes « lui », que ce n'est là qu'une période de transition, période fatale des lois naturelles de son mouvement. S'il avait été arbitraire et en dehors de nous, sa bonté ne pouvant être mise en doute, il aurait décrété la perfection dès le commencement. Mais alors, il aurait montré une bonté complète, contradictoire avec une bonté infinie, car nous serions pour toujours au-dessous de lui, nous serions ses sujets ; il est meilleur, il est plus grand, il est « nous », comme nous sommes « Lui ».

En nous aimant les uns les autres (paroles de Jésus) on ne peut être plus logique, nous aimons l'Être premier lui-même.

On en revient donc là : s'aimer, triomphe de l'amour dans ce qu'il a de plus beau, de meilleur, de plus sublime, aimer pour manifester plus tard sa Gloire, notre Gloire, aimer l'Humanité. Le poète en chantant l'étoile d'amour, a pressenti au fond de son cœur meurtri, que la Nature n'est au fond qu'une harmonie superbe, et que nos misères présentes et heureusement passagères seront chassées par la Bonté et l'Amour.

Qu'il y a loin de cette sublime et consolante pensée à ce qu'on nous enseigne !

Quand les humains se convaincront qu'ils sont parties d'un Dieu qui se transforme dans un but forcément bon, ils auront fait un grand pas vers le bonheur tant recherché.

Pour montrer la moralité de cette conception, prenons encore dans cette vie deux exemples types :

Le riche ; le pauvre, sans acquisition antérieure.

Le riche : Un être est comblé dès sa naissance des biens matériels ; il est riche, sa vie s'écoule dans les plaisirs ; il suit les pratiques de sa religion, et après une vie exempte de soucis, il meurt muni de tous les sacrements derniers qui lui promettent l'éternelle félicité.

Le pauvre : Un être est né dans la misère, sa vie est faite de travail, mais conscient de son devoir envers la société, il ne faillit pas à ses lois ; de plus, la réflexion, le bon sens, fruits de ses méditations à la vue de la Nature tranquille, lui font concevoir qu'il ne serait pas équitable qu'il ait, sans une compensation quelconque, une vie de misère tandis que d'autres valant moralement moins que lui, ont une existence heureuse. Il meurt avec confiance dans la nature, sans le secours de la religion.

L'un va-t-il dans un paradis? et l'autre est-il damné? L'arbitraire peut s'exercer dans des millions de cas semblables. Y a-t-il lieu pour l'un ou pour l'autre à paradis, à purgatoire ou à enfer?

Nous avons dit que l'Être premier ne peut pas être arbitraire. Voici ce qui se passe naturellement, logiquement :

Le riche ci-dessus a mené une vie égoïste; cet égoïsme certain d'être récompensé dans l'éternité au moyen d'un sacrement dernier, a étouffé les bons sentiments qui ne demandaient qu'à s'accroître sous une impulsion de charité résultant de la comparaison des difficultés de la vie. Il s'est cloîtré dans une indifférence qui ne lui a permis d'acquérir aucune bonté; il ne s'est rapproché en rien de l'Être premier comme qualité. La matière la plus perfectionnée de son cerveau n'a jamais été influencée par les sentiments les meilleurs. Moralement en un mot, il n'a rien acquis. Son individualité en qualités quantitatives représente si peu l'Essence primordiale, qu'elle restera dans une condition inférieure de recommencement.

Le pauvre, dans l'exemple ci-dessus, bénéficiera d'une progression dans son état futur; il a médité, il a acquis, il s'est assimilé, plus que le riche, l'intelligence et quelques qualités de l'Essence primordiale : patience, travail, dignité, réflexions, bons sens, etc.

Cette essence acquise, individualisée, utilisée par la Vie en vertu des lois naturelles d'attraction, lois de sympathie non encore trouvées, lois d'influence magnétique à découvrir, et que la science soupçonne déjà, doit pénétrer dans un corps plus apte à l'activité psychologique, dans un milieu qui attire la perfection, comme l'aimant attire la limaille de fer, où elle atteindra au moins le minimum de la perfection antérieure.

Après une série d'acquisitions progressives, après plusieurs existences sur notre Terre, l'être humainement bon (au summum suffisant) a sa particule personnelle de qualités attirée dans un milieu plus propice aux perfectionnements encore désirables et possibles, représentés par le complément du globule primitivement complet.

La morale est donc respectée par les lois naturelles de l'Être premier. De plus il faut être convaincu que la perfection maximum n'est pas réservée à notre planète et à ses habitants. Alors on a intérêt à s'élever moralement pour parvenir à une condition supérieure ici-bas, ou tout au moins pour profiter de cette amélioration morale dans les conséquences qu'entraîne le principe ci-dessus dont on est convaincu. Celui qui n'a en vue que des intérêts personnels et matériels se lèse ainsi lui-même et, étant dépourvu de scrupules, peut léser également les intérêts de tous.

Nous pouvons admettre que l'essence première est incorporée temporairement dans une protubérance cérébrale humaine représentant la plus parfaite des substances. Au point de vue purement anatomique, il est certain qu'il existe des substances cérébrales qui détiennent le substratum des qualités. Ces qualités existent matériellement quelque éthérées et non encore parfaitement perceptibles qu'elles puissent être. Il n'est pas raisonnable de les nier parce qu'on ne les voit pas ; une onde magnétique ou électrique ne se voit pas et pourtant on ne peut nier son existence. Certaines personnes dégagent une impression de bonté dont on est imprégné dès l'abord. L'instinct de certains animaux les trompe d'ailleurs rarement, ainsi s'explique leur répulsion pour quelques personnes dont les sentiments mauvais sont pour ainsi dire extériorisés.

Les qualités éthérées individualisées par la Vie, libérées par la mort, sont employées immédiatement encore par la vie sur cette terre si elles n'ont pas le minimum nécessaire pour l'attraction extra-terrestre, ou passent sur une autre planète si leur perfection est suffisante pour animer des êtres supérieurs aux humains terrestres. Ainsi il est injuste de mettre en doute la Bonté suprême qui a compensé les douleurs qui accompagnent la perte d'un être aimé ; elles doivent être en effet tempérées par la pensée infiniment douce que cet être n'est pas perdu. Libérée d'un corps terrassé par la maladie impitoyable ou fauchée par un accident subit, son essence de bonté reste près de nous surtout s'il s'agit d'un être jeune. C'est la véritable croyance consolatrice des cœurs brisés opposée à l'idée d'une séparation sans retour.

Il faut bien remarquer que ces déductions dérivent forcément du principe premier.

COMPARAISONS
ENTRE DIVERSES CROYANCES

En récapitulant ce que nous avons expliqué, nous pouvons voir qu'au fond, la différence entre diverses croyances ayant cours parmi les humains et celle exposée ici, n'est pas si grande qu'on se le figure au premier abord. En ôtant le merveilleux pur donné sans explication, on doit se rapprocher de la morale naturelle. D'ailleurs les errements proviennent aussi de l'orgueilleuse et étroite idée que l'on se fait de l'existence comme étant possible seulement sur notre minuscule planète.

Nous avons dit que la nature humaine est imparfaite et n'acquerra jamais sur cette Terre la perfection dans le sens entier du mot ; que d'ailleurs dès qu'elle a atteint un certain degré sur cette Terre, elle est utilisée sur d'autres planètes. Il y a là une relation avec un temps d'épreuves, purgatoires à subir avant la félicité éternelle. Au lieu d'une transition brusque de la Terre au Paradis, nous admettons qu'il existe des étapes nombreuses pour y arriver.

Les besoins créés par l'imperfection des petites planètes en sont la cause première, mais d'un autre côté, la lutte pour une existence précaire, est le critérium des grandes qualités morales. C'est une situation prévue, conséquence des lois naturelles ; on doit bien penser que cette perfection sera de plus en plus approchée en changeant de milieu, et que l'injustice n'existant pas dans l'Être premier, il nous y fait concourir tous sans exception dans la suite interminable des siècles.

Là nous différons car nous disons que tous nous arriverons à cette félicité à l'aide du temps. Une seule existence est-elle suffisante à tous pour y arriver ?

En envisageant la justice et l'équité de l'Être premier et les diverses peuplades du Monde, nous répondons avec confiance : Non.

Toutes les circonstances qui accompagnent une action bonne ou mauvaise sont d'ailleurs pesées exactement à leur valeur, car nous ne cesserons de répéter qu'il n'y a pas d'injustice dans l'ordre des lois naturelles des choses, et ce sont les lois naturelles qui sont en jeu dans une action en faisant acquérir matériellement l'Essence primordiale ou en restreignant les substances cérébrales réceptives, selon que l'action est bonne ou mauvaise.

Les croyances autres, réservent cette balance de justice au jugement dernier, nous disons qu'elle se fait immédiatement. Un riche qui donnera une forte somme pour la charité pourra ne pas être autrement imprégné de bonté pour cette action, qu'un pauvre qui partagera son pain avec un de ses frères malheureux.

L'essence de bonté-intelligence ambiante s'acquiert par la pratique constante de la Bonté intelligente, comme le muscle s'acquiert par la pratique régulière de l'exercice.

Les croyances irraisonnées expliquent-elles rationnellement les profondes différences de bonheur dans la vie, les inégalités sociales, la douleur d'un côté, la joie de l'autre, etc. Tandis que nous avons dit que l'Essence est transmise par la Mort à la Vie, celle-ci la remploie immédiatement ; elle est incorporée dans un sujet apte à la recevoir et conformé pour la faire encore fructifier. De là les prétendues apparences d'injustice qui semblent régner dans le Monde, en constatant un individu bien doué dès sa naissance comparé à un autre aux qualités non développées.

L'Être premier se trouve ainsi naturellement bon, mécaniquement juste, si l'on ose s'exprimer ainsi. La théorie atomique exposée au chapitre « Les qualités », et que nous allons encore développer, expliquera mieux notre pensée :

L'Être premier était primitivement homogène (voir chapitre « Qualités »), c'est-à-dire composé d'une essence renfermant la force-matière et les qualités. Les globules d'atomes renfermant cette force-matière et ces qualités, sont en nombre infini. On peut admettre que chaque globule formé par les atomes des qualités, accompagne un individu naissant sur les planètes primitives, et que le globule est attiré vers l'individu par attraction, parce qu'il remplace l'atome force-matière autour duquel le globule gravitait à l'origine, avant que cet atome-force ne soit employé au mouvement universel.

Cet individu mouvement-matière lui-même, est donc ainsi accompagné dès sa production par son globule complet de qualités qui, en un mot, est l'âme des religions.

A l'état rudimentaire, cet individu acquiert certains atomes des qualités qui l'accompagnent : patience, instinct embryon de l'intelligence, quelquefois même un peu de jugement, etc.

A sa mort, la particule de qualités acquises gravite temporairement autour du complément non encore employé du globule. Cette particule se réincorpore immédiatement toujours par l'attraction du mouvement dans un individu déjà mieux doué, mieux perfectionné, et susceptible dès lors d'acquérir au moins le minimum des qualités représentées par la particule. Les successions et acquisitions se produisent ainsi graduellement à l'infini.

Lorsque l'être sera en possession de toutes les qualités, il sera arrivé au but que s'est proposé l'Être premier, celui-ci se retrouvera sous une forme concrète, sans arbitraire. Une seule existence terrestre est-elle suffisante pour acquérir l'ensemble des qualités primordiales ? Nous pensons qu'il est absurde de répondre affirmativement, car, si à sa mort, un individu d'une bonté quelconque allait dans un paradis, il faut bien admettre que ce paradis serait habité par une multitude de bienheureux aux qualités morales de toutes gradations. L'inégalité régnerait déjà de ce fait.

Tandis qu'en admettant la perfection maximum morale comme intégrale, nous comprenons que s'il est impossible de l'avoir sur cette Terre, nous pouvons au moins y concourir pendant notre existence terrestre. Appliquons ce raisonnement aux habitants d'une planète plus petite que la Terre, c'est-à-dire ayant été habitée antérieurement à celle-ci, et nous pouvons entrevoir tout le mécanisme très simple de la perfection.

Sur une petite planète primitive, l'Être premier commence à se révéler sur un être rudimentaire; ensuite transfiguration sur une plus grosse planète, mieux aménagée où il se développe sur une catégorie d'êtres supérieurs et ainsi de suite.

Arrivé sur la Terre est-il parvenu à la perfection? envisageons l'Humanité et répondons?

Dans cet ordre d'idées, nous ajoutons que la Terre peut renfermer des êtres animés inférieurs à l'homme, qui concourent au perfectionnement au même titre que ceux des planètes primitives.

LES QUALITÉS SONT ACQUISES

La morale entière repose sur le principe « les qualités sont acquises », et ce principe nous paraît facile à démontrer sentimentalement après la preuve par théorie atomique.

L'Être primordial n'a aucun défaut ; les défauts sont inhérents à sa matière en mal de transformation.

Prenons la plus parfaite de sa matière : celle par laquelle il se manifeste peu à peu. Prenons, disons-nous, un homme de bien, un homme foncièrement bon dans la large acception du mot. Isolons cet homme dans un pays où la Nature seule puisse le nourrir facilement, livrons-le à lui-même, qu'il sache qu'il n'a plus à craindre désormais les lois de société.

Nous disons qu'il est matériellement impossible que cet honnête homme puisse se livrer à des actes tendant à lui enlever ses qualités primordiales acquises ; il ne se livrera pas par exemple à des actes de cruauté, malgré l'assurance de son impunité. On dira : c'est sa conscience qui le lui défend. Nous sommes d'accord, mais qu'est-ce que sa conscience ?

Nous répondrons que c'est la substance primordiale acquise dont il est imprégné dans quelque coin de son cerveau, car si nous imaginons cet homme de bien recevant par accident fortuit, un coup sur la tête, nous le voyons instantanément prendre autant de plaisir dans la cruauté pure, qu'il en prenait dans l'exercice du bien.

La matière cérébrale réceptive de la substance primordiale est lésée ; elle est annihilée par un afflux de sang, les qualités, substances éthérées mais positives, ne peuvent plus s'accroître ni demeurer dans ce corps désemparé. Cet homme voit sa vie continuer ; ses qualités antérieures sont-elles anéanties (le néant n'existe pas) par un vulgaire accident naturel ? Non. Elles reposent autour d'un corps inconscient jusqu'à la mort qui leur permettra de se continuer, de se perfectionner dans une autre personnalité.

Si cet homme de bien était annihilé d'une façon complète par un simple accident, ce serait injuste ; il ne servirait à rien de pratiquer le bien, de délaisser le Mal dans une contrée où la répression par les lois de société ne pourrait s'exercer.

D'une façon générale, la morale n'aurait d'autre fondement que les lois de société, ce qui n'est pas, évidemment.

L'Être premier voulant produire ses qualités sous une forme concrète, a choisi naturellement le moyen le plus logique, c'est la perfection qui se transmet, qui se perpétue, qui est acquise à l'individu et qui peut s'accroître progressivement.

Cette morale établit l'équilibre en toutes choses.

CONSÉQUENCES FUTURES

La conviction qui résulte des propositions raisonnées que nous avons exposées, a des conséquences positives.

Ce résultat est défini par les mots : Confiance et Bonté-intelligente.

Le vieillard doit voir sans la moindre appréhension approcher le terme de son existence, et d'autant plus qu'il aura eu une vie plus digne de compensation.

Digne de récompense ou non, il renaîtra. De là la justification du mot Confiance. Les qualités acquises seront remployées, quelque peu importantes qu'elles soient. Seulement si elles ne sont guère développées, sa condition de recommencement futur ne s'améliorera pas ou peu. L'amélioration est due à l'acquisition.

Les enfants étant le commencement ou la suite d'une période de transformation de l'Être premier en être humain, doivent être aimés d'abord pour cette raison. Ils doivent être intelligemment aimés et élevés dans l'intérêt de ceux qui les élèvent, dans l'intérêt de ces enfants et dans l'intérêt général de l'humanité. Tous les intérêts concordent à ce qu'ils soient intelligemment élevés. Le premier soin, le plus sacré est d'éloigner d'eux toutes les croyances qui ne sont pas raisonnées et qui faussent l'entendement, la saine logique, la Justice, la raison, retardent le Progrès.

Il faut leur dire que la perfection reste toujours à atteindre ; pour rendre plus facilement accessible cette dée, il faut prendre une comparaison vulgaire : Tout le monde conviendra par exemple qu'un maître produira plus facilement son art musical sur un instrument perfectionné que sur un instrument tout à fait primitif et grossier ; ce dernier n'est susceptible que d'un maximum de rendement musical absolument limité et restreint.

L'échelle des Mondes est également celle des êtres et la perfection gravit les degrés en partant du premier échelon : planète et être rudimentaires.

Par étapes successives, dans la suite des siècles, l'Être premier se retrouvera finalement sous une forme idéale et en nombre infini. Son but sera atteint. En nous retrouvant sous cette forme, nous posséderons le bonheur complet et éternel. Il aura été mérité, sans arbitraire, par lois naturelles.

Ce bonheur dans une planète dernière ne peut se concevoir pleinement, mais il comprendra l'amour de tous sans exception ni distinction par tous ; étant tous parties de l'Être premier, nous l'aimerons en nous aimant.

Les qualités morales seront récupérées dans les corps vivants dans ce paradis logique, vaste république à la belle devise : Liberté, Égalité, Fraternité.

Cette devise conviendra. Il reste à considérer si un paradis qui admet des catégories nombreuses de justes formés par une seule existence, et des maîtres au-dessus de chaque catégorie jusqu'à Dieu qui a créé ainsi arbitrairement cette hiérarchie, il reste à voir, disons-nous, si ce paradis mystique, où la perfection morale ne semble pas être unifiée, est plus équitable que celui créé ou qui sera créé par les lois naturelles du mouvement de l'Être premier.

Dans le paradis naturel, l'Être premier se retrouve seul ; donc plus d'inégalité, les inégalités ayant suffisamment existé du temps des épreuves ne sauraient se retrouver encore dans un paradis de bonté et de justice, sans quoi l'on n'admet implicitement que Dieu n'est pas idéalement juste. Les faveurs ne seraient pas égales : Pourquoi un être serait-il par sa naissance forcément désigné pour partager les félicités éternelles, tels les grands dignitaires de l'Église par exemple, et un autre serait-il un pauvre naturel perdu au fond d'une île obscure, sans la moindre chance de pouvoir participer à une rédemption quelconque. Imaginer des différences sociales jusque dans le paradis, est une pure contradiction avec l'idéale justice. Par la rectitude de sa méthode de perfectionnement progressif, l'Être premier a banni de l'esprit jusqu'à la moindre trace d'idée d'inégalité entre tous.

Il se retrouve seul dans le paradis naturel. Il s'y retrouve sous la forme perfectionnée, revêtue par tous les individus, tous les individus ayant acquis plus ou moins rapidement ses qualités, donc plus d'injustice, mais une bonté complète.

De notre situation humaine présente à cet idéal, nous voyons qu'il y a loin, mais c'est une raison pour aider le Progrès qui servira aux générations futures dans lesquelles nous nous retrouverons. Il tient à nous de nous perfectionner de toutes façons bonnes. C'est la règle de conduite la plus morale à laquelle on puisse se conformer. Si la perfection pouvait nous venir d'un seul coup, la bonté de Dieu ne pouvant être mise en doute, nous serions tous parfaits.

L'espérance est qu'elle pourra se produire plus rapidement dans les autres mondes où nous irons, mais en attendant, aidons ici-bas de toutes nos forces à la marche d'un Progrès éclairé et bienfaisant, dans l'intérêt de toute l'Humanité.

CHAPITRE II

CROYANCES ET RÉALITÉS

La recherche de la réalité a été remplacée par une méthode infiniment plus commode :

Nous pouvons, par l'imagination, investir un Être non-déterminé, de toutes les puissances, et lui faire prononcer les paroles suivantes :

Que la lumière soit
(et la lumière fut).

Le premier jour lui faire créer le Monde et les étoiles, le deuxième jour, le soleil, etc.

Lui faire punir le méchant et récompenser le juste, etc., c'est très simple.

En renforçant par la morale ce naïf entendement, on peut faire du tout une religion.

Seulement les doctrines non raisonnées dont la Morale est entourée détruisent presque tous ses efforts. La Justice de Dieu est paradoxale ; elle n'est pas distribuée d'une façon large et impartiale, infinie comme l'Être premier lui-même qui supprimerait le Mal sous toutes ses formes, si ce pouvoir était en lui.

La Foi, en imposant ses articles, permet-elle la recherche de la Vérité ? Lorsque ces croyances, par suite du progrès naturel vers lequel nous allons, sont démontrées évidemment fausses, pourquoi les défendre contre le bon sens, la logique et la raison qui sont des qualités de l'Être primordial ?

Celui-ci explique tous ses actes, ou ne défend pas de les expliquer, aucun de ses actes n'étant anti-naturel.

Pourquoi laisser dans les cerveaux humains l'impression de purs miracles, d'interventions divines directes ? Pourquoi cette éducation dirigée dans le sens de la conservation de dogmes purement arbitraires, naïfs, ténébreux ou inconséquents ?

Il y a là une réaction, quelquefois une simple force d'inertie qui s'oppose à la marche de la lumière, du Progrès. Vains efforts certainement, mais retard quand même apporté à l'évolution de l'Humanité vers sa connaissance sacrée. Combien nombreux sont ceux qui doutent pourtant, mais conservent une soumission passive. Il faut éviter de citer les faits brutaux qui arrachent une croyance en laissant à la place quelquefois une désespérance cruelle. La tâche serait trop facile ; mais doit-on le faire si à côté du mal on indique le remède ?

Les mille réflexions à ce sujet sont évidentes, et en

citant seulement une remarque, on voit sur quelle base fragile et facilement attaquable sont édifiés des dogmes qui, pour être au moins vraisemblables, devraient être pétris de bon sens :

« S'il y a cent mille damnés pour un sauvé, le diable « a toujours l'avantage sans avoir abandonné son fils à « la mort. »

Il est regrettable d'exposer l'Être premier infiniment bon, à être ainsi interprété. C'est la faute à ceux qui l'ont fait incompréhensible, tandis qu'il n'est qu'incompris. L'expliquer, c'est le réhabiliter.

Nous savons que de simples persuasions mêmes sont souvent irréductibles, mais si Dieu était autrement que nous l'avons expliqué, s'il se manifestait d'une manière authentique en dehors de nous, ceux qui obéissent à la raison le reconnaîtraient sans aucune difficulté.

Nous disons que l'Humanité tendant vers Dieu n'a besoin d'aucune Église ; ses temples sont ses établissements de bienfaisance, de prévoyance, de mutualité, de solidarité. Assistance prêtée aux membres de la grande famille humaine trop faibles pour supporter seuls le fardeau de la dure existence.

En créant un maître au-dessus et en dehors de l'Humanité, sans expliquer sa nature, on se croit obligé de le glorifier en échange de son effroyable et inexplicable indifférence vis-à-vis de ses sujets. En citant quelques enseignements de livres intitulés saints, nous ferons ressortir cet état morbide de l'esprit humain. Que toute créature à la saine raison, sans le moindre parti pris, compare l'Être premier si grand dans sa simplicité, tel qu'il est exposé dans ce petit livre, à Dieu travesti par des croyances mystérieuses dont l'unique objectif est de l'adorer sans chercher à améliorer pratiquement l'Humanité qui pourtant le représente ici-bas.

Inspiré par la seule méditation, la seule contemplation des merveilles de la Nature, tout être retrouvera une entière confiance en admirant quelquefois par une nuit claire, l'Être premier qui scintille dans le ciel bleu au-dessus des mystères dont on veut l'entourer.

ENSEIGNEMENT RELIGIEUX.
COMMENTAIRES

Nous lisons dans un livre religieux :
« Pourquoi suis-je au Monde ? ce n'est pas pour
« être riche, pour être honoré. Je suis au Monde pour
« y glorifier mon Créateur et pour le glorifier encore
« dans l'autre vie. »

C'est la raison d'être de la religion. Elle comprend Dieu disant : Mettons au Monde des créatures qui auront pour mission de me glorifier, de m'adorer, etc. La religion s'est donc établie pour diriger les hommes dans cette voie. — Elle enseigne que Dieu a besoin d'être glorifié.

Est-il logique de prêter gratuitement à un être parfait et bon, la passion de la domination ? L'orgueil est-il dominant et persistant, contradictoire avec l'infinie perfection dans cette pensée :

« Dieu sera encensé par une multitude de sujets
« prosternés à ses pieds. »

Telle est la fin pour laquelle un Dieu aurait créé le Monde.

« Quel châtiment ne mérite donc pas une créature
« qui, étant placée sur la Terre par la main du Créa-
« teur pour l'honorer, ne fait rien pour sa gloire. »

« Il n'est pas nécessaire que vous soyez au Monde,
« mais il est nécessaire pour vous d'être sauvé. Dieu
« pouvait se dispenser de vous créer ; mais il ne peut
« vous dispenser de travailler à votre salut sous peine
« de châtiments éternels. D'ailleurs pour vous aider
« dans ce salut, Dieu a donné son fils, et ce fils ado-
« rable a souffert l'agonie, les supplices et la croix. »

Ce langage est très remarquable, on voit quelle suite, quelle conséquence il peut avoir dans un cerveau jeune et impressionnable avec cette étrange conception appliquée à un Être parfait et bon.

Pourquoi faut-il également que l'homme croie ses affirmations. S'est-il rendu compte de ce que peut être un Dieu de bonté ? Oui, nous nous accordons sur cette qualification, il est la Bonté immanente, sans la moindre restriction. — Retranchez alors les châtiments promis, un supplice voulu. Jésus, homme et partie de Dieu comme nous, a souffert le crucifiement parce qu'il enseignait la vérité contenue dans ces paroles : Aimez-vous les uns les autres. Mais combien d'autres humains depuis n'ont-ils pas souffert des supplices plus horribles pour des opinions tout aussi respectables ! Pourquoi ôter du mérite à Jésus en enseignant qu'il se savait ou se croyait fils de Dieu ?

Quel est celui, alors, s'il pouvait être fils de Dieu, ou se croyait de bonne foi fils de Dieu, qui n'endurerait pas un supplice passager mille fois plus terrible ?

Tous les jours, à chaque minute, des êtres sanglotent dans des souffrances inouïes morales et physiques. — Pleurons sur Jésus citoyen qui a été sacrifié par l'ignorance et l'intérêt matériel de son époque, en l'honorant, c'est bien, mais tendons la main à tous nos frères de douleur et secourons-les, c'est encore mieux.

Les paroles suivantes ont été extraites des Vérités sur la Religion :

« Puisque le salut est si difficile et le nombre des
« réprouvés si grands, qui pourra donc, direz-vous,
« être sauvé ? *Et quis poterit salvus fieri ?* Rien n'est
« impossible à Dieu, avec sa grâce vous pouvez tout...»

Le simple bon sens fait voir que si Dieu pouvait être arbitraire, comme il est infiniment bon, il sauverait toutes les créatures sans exception sur cette Terre (comme nous le ferions nous-mêmes, si ce pouvoir était en nous) par la seule puissance de sa volonté ; car il faut bien admettre qu'il y existe des créatures qui, par leurs positions sociales, nègres-anthropophages, idiots, etc..., ne peuvent que difficilement *se sauver* seuls (moralement bien entendu).

Répétons constamment que ces erreurs proviennent de ce que l'on croit l'Être premier en dehors de nous.

« Personne ne sait ici-bas s'il est prédestiné, s'il
« est un vase de miséricorde qui sera élu ou un vase
« de colère qui sera brisé. *Nescit homo utrum amore*
« *aut odio dignus sit* (Eccl. 6). Dieu condamnera à l'en-
« fer celui qui y est prédestiné. Celui-ci aura mérité
« l'enfer par sa vie. La prédestination s'explique par
« cet exemple : Un juge qui prononce la sentence ne
« dit pas : Je te condamne parce que je le veux, mais
« je te condamne parce que tu le mérites. Raisonnons
« de même des jugements de Dieu. »

Dans ce raisonnement contradictoire par lui-même,

Dieu est entièrement méconnu, car si un humain voyait un de ses ennemis se diriger vers un abîme, et s'il était en son facile pouvoir de l'arrêter et de le détourner de cette voie et qu'il ne le fasse pas, ce serait un misérable.

Quel est l'homme de bon sens qui ne répudie pas les paroles suivantes :

« Les fléaux du pêcheur sont en grand nombre, dit
« l'Écriture ; si nous éprouvons les malheurs des temps,
« les guerres, les mortalités, le dérangement des sai-
« sons, c'est parce que les crimes des hommes, les
« larcins, les impudicités, les blasphèmes, les sacri-
« lèges et les impiétés inondent la Terre, *inundave-*
« *runt.* Si vous violez ma loi, disait Dieu à son peuple,
« je vous réduirai aussitôt à la pauvreté. *Visitabo vos*
« *velociter in egestate.* Le ciel sera pour vous de fer
« et la Terre de bronze et d'airain. »

Ceci n'est rien, voici ce qui est prédit à la créature humaine qui ne se conforme pas aux rites et dogmes :

« L'esprit humain ne peut rien imaginer de plus
« horrible que l'état d'un réprouvé. Représentez-vous
« des corps embrasés, infects, couverts de lèpre,
« d'ulcères, de pourriture, plongés dans un gouffre de
« feu et de soufre brûlant ; des corps vivants déchirés,
« écorchés, disloqués, entassés les uns sur les autres,
« dont l'odorat, la bouche, les yeux, tous les membres,

« tous les sens souffrent en particulier le plus violent
« supplice, sans adoucissement et sans relâche. *Con-
« gregabo super eos mala*. Leurs cris sont si perçants,
« qu'ils seraient capables de fendre les rochers ; leurs
« douleurs si cuisantes et si vives, qu'une heure de ces
« tourments est plus insupportable que vingt ans en
« ce monde de la maladie la plus aiguë. La puanteur
« de ces corps est si horrible, que saint Bonaventure
« assure qu'un seul serait capable d'infecter l'Uni-
« vers... etc. »

Nous comprenons sans effort qu'il est difficile d'imaginer une vengeance plus raffinée. Dieu en est-il satisfait, il est permis d'en douter.

Après ce tableau sombre il y a le tableau gai : Le juste après sa mort est ressuscité, il entre au paradis mystique :

« Leurs corps ressuscités seront doués des plus glo-
« rieuses qualités, d'un éclat, d'une agilité, d'une
« subtilité surprenantes ; ils seront impassibles et
« immortels. Oserions-nous nous plaindre de quelques
« peines que nous devons prendre pour procurer à
« notre corps un bonheur si grand ? O mon corps, que
« vous êtes noble ! que la fin à laquelle vous êtes des-
« tiné est auguste ! Vous êtes l'ouvrage de Dieu, vous
« lui appartenez plus qu'à moi. C'est par le respect
« que j'ai de vous, c'est pour ne pas vous déshonorer

« et pour vous rendre heureux, que je dois vous exer-
« cer par les travaux d'une vie chaste et sainte. Si
« vous souffrez ici-bas, vous serez un jour glorifié. »

Il faudrait nous entendre ; si les corps sont ressuscités tels qu'ils finissent ici-bas et qu'ils soient doués, dans le paradis, d'une agilité remarquable tout en étant impassibles, le contraste doit être saisissant et l'on ne doit pas s'ennuyer à les voir se livrer à l'exercice de leurs glorieuses qualités.

S'il n'y avait que des pensées gaies comme ci-dessus, les croyances irraisonnées auraient au moins ce bon côté, mais elles conduisent à des aberrations comme ci-dessous :

« Une mort avancée paraît avantageuse aux gens
« de bien parce qu'ils jouiront plus tôt de Dieu ; ce
« qui a fait dire à saint Jean Chrysostome qu'on doit
« se réjouir à la mort d'un enfant et à la mort d'un
« homme craignant Dieu, parce qu'ils sont délivrés
« des misères de cette vie et vont jouir d'un bonheur
« éternel. »

Toute mère qui lira les lignes ci-dessus extraites des livres saints, sentira l'émotion étreindre son cœur.

Cette émotion est le signe le plus infaillible que ces paroles sont folles. Qui les défendra ?

Après l'égoïsme, voyons l'inconséquence de ces assertions : elles demandent une vie écourtée ; il ne devrait y avoir que des jeunes gens ou plutôt personne, si l'on pousse la déduction à fond.

« La vie présente est une mer pleine d'écueils, un
« labyrinthe sujet à mille égarements, une terre qui
« dévore ses habitants. Ainsi, demander une vie longue,
« c'est demander une longue suite de dangers, de ten-
« tations et de combats. *Longam tentationem petit,*
« *qui longam vitam petit,* dit Gui, le chartreux de
« Trenq. »

Ces propositions sont contraires absolument aux lois naturelles que s'est données l'Être premier.

Une longue vie est la condition *sine qua non* de l'acquisition de la substance primordiale, lorsque la fougue naturelle à la première jeunesse s'est peu à peu dissipée et a fait place à l'expérience qui permet de mieux discerner le vrai du faux, le bien du mal, le juste de l'injuste.

D'ailleurs si les sages vieillards n'existaient pas, l'exemple du bien serait difficile à suivre et les conseils, fruits des années, n'existeraient pas non plus.

Ces exemples que l'on pourrait multiplier, font voir que l'Être premier, Dieu de Bonté, est complètement différent de celui décrit par la religion, ou plutôt, la religion s'applique avec ardeur à dépouiller bénévolement l'Être premier des qualités infinies qui sont son Essence même ; elle le représente avec toutes sortes de défauts qu'on ne trouve que dans la nature humaine imparfaite.

En se pénétrant profondément de l'idéale justice qui préside à nos destinées et que nous avons essayé de décrire, nous trouvons logiquement que les mieux partagés sont peut-être les vieillards qui s'acheminent de plus en plus vers une espérance infiniment douce.

Que cette réconfortante espérance se reflète sur eux, et remplace la vague tristesse de la pensée de l'au-delà, appréhension que les croyances irraisonnées entretiennent trop souvent.

La vieillesse est comparable à un beau soir où les rayons dorés du soleil couchant sont précurseurs d'un radieux lendemain. Elle quitte un corps fatigué qui ne permet plus l'extension des qualités morales ; une seule existence n'est pas suffisante pour acquérir celles qui composent l'Être premier; mais qu'elle le sache, le réveil est immédiat, une nouvelle aurore commence...

....

Choyez le petit enfant qui repose, tout rose, dans son berceau, et, à l'encontre de ceux, enfin écartés, qui demandent sa mort, multipliez-vous, travaillez pour lui procurer une longue vie, c'est l'espérance de l'humanité qui naît, c'est le Progrès, c'est le bonheur, c'est l'idéal pour lesquels nous avons été créés.

TABLE DES MATIÈRES

Avertissement.................................... 5

CHAPITRE PREMIER

Création et Infini................................ 9
Le Néant... 9
De l'Être premier................................ 11
Forme de l'Être premier.......................... 13
Le Mouvement..................................... 15
Formation des Mondes............................. 17
Un seul acte arbitraire.......................... 19
Les qualités..................................... 20
But de l'Être premier............................ 25
Matières diversifiées à l'infini................. 28
La Morale.. 32
Au delà de la mort terrestre..................... 36
L'Être premier infiniment juste.................. 41

Comparaisons entre diverses croyances......   46
Les qualités sont acquises..................   51
Conséquences futures........................   53

CHAPITRE II

Croyances et réalités.......................   59
Enseignement religieux. Commentaires........   62

MACON, PROTAT FRÈRES, IMPRIMEURS

www.ingramcontent.com/pod-product-compliance
Lightning Source LLC
LaVergne TN
LVHW020955090426
835512LV00009B/1906